# Wellen, Sand und Meer

# Wellen, Sand und Meer

mit Texten von Ruth Gellersen
und Bildern von Anne Ebert

# Komm mit ans Meer!

**M**ächtige Wellen rollen an den Strand, Seevögel schaukeln auf den Schaumkronen und halten Ausschau nach Futter. Wohin du auch blickst, überall sind Wasser und Sand. Du bist am Meer!

Am Meer gibt es jede Menge zu entdecken: Am Strand findest du Muscheln, Schnecken und getrocknete Algen. Im Sand liegen Steine, die das Wasser im Laufe vieler Jahrhunderte glatt geschliffen hat, und Holzstücke in allen Formen und Größen.

Im flachen Wasser siehst du kleine Fische, Seesterne, Krabben und Quallen. Hier lässt es sich besonders gut planschen, baden und spielen. Am schönsten ist es, wenn die Sonne scheint und es warm ist. Dann kannst du im Sand buddeln, Muscheln sammeln und Burgen bauen. Aber auch bei Regen macht ein Strandtag Spaß. Steig in Gummistiefel und Regenmantel, lass dir den Wind um die Nase wehen und geh auf Entdeckungsreise.
Hörst du, wie die Möwen kreischen?

### Strandgut

Bastle aus Muscheln, Lochsteinen und Hölzchen ein Mobile. Dafür befestigst du an deinen Fundstücken unterschiedlich lange Bindfäden und knotest sie an einem Holzring (aus dem Bastelgeschäft) fest. Du kannst auch Ketten aus Schnecken und Muscheln auffädeln oder Bilder aus Sand und flachen Steinchen kleben.

# Was ist ein Meer?

Ein Meer ist eine riesige Wasserfläche. Dort leben viele verschiedene Tiere und Pflanzen.
Das Wasser im Meer ist immer sehr salzhaltig. Menschen können es nicht trinken, denn das Salz entzieht dem Körper mehr Wasser, als er durch das Trinken bekommen würde.
Häufig gibt es am Meer auch Strände. Sie bestehen aus Sand oder kleinen Steinen.
Bei uns gibt es zwei Meere: die Nordsee und die Ostsee.

**Hmm, riech mal!** Am Meer riecht die Luft besonders frisch und ein wenig salzig. Manchmal liegt auch ein Geruch nach Fisch und Seetang in der Luft.

Nordsee

Ostsee

## Wo ist die Küste?

Dort, wo das Land und das Meer aufeinandertreffen, ist die Küste. Es gibt Felsküsten, wo flache Steine das Meer berühren, und Steilküsten, bei denen hohe Felsen jäh ins Meer abfallen. Im Laufe der Zeit verändern sich die Küsten, etwa durch die Wellen, die ans Ufer schlagen.

**Wie schmeckt Meerwasser?**
a) Süß
b) Sauer
c) Salzig

### Uralt!

**Die Nordsee ist ein sehr altes Meer. Seine jetzige Form hat es seit etwa 11 000 Jahren. Doch auch heute ist die Nordseeküste immer in Bewegung: Wind, Wellen und die Einflüsse des Menschen verändern im Laufe der Zeit die Form der Küste.**

# Auf und ab

Die Sonne scheint hell am Himmel, es ist ganz warm. Du läufst mit Eimer und Schaufel, Badetier und Schwimmreifen an den Strand. Jetzt im kühlen Meerwasser planschen!
Doch am Strand machst du eine überraschende Entdeckung: Wo ist denn das Meer?
Das viele Wasser ist verschwunden. Vor dir erstreckt sich eine große, leere Sandfläche …

An der Nordsee ist das Wasser immer in Bewegung. Zweimal am Tag zieht sich das Meer zurück und kommt nach einigen Stunden wieder. Das nennen wir Ebbe und Flut.
Bei Ebbe wird der Strand breiter. Bei Flut fließt das Wasser zurück und der Meeresspiegel steigt wieder an. An der Ostsee gibt es kaum Ebbe und Flut. Die Gezeiten sind fast gar nicht zu merken.

## Ebbe und Flut

Diese Gezeiten, also der Wechsel zwischen Ebbe und Flut, entstehen durch die Kraft des Mondes. Unsere Erde dreht sich innerhalb eines Tages und einer Nacht einmal um sich selbst.
Eine Seite der Erde ist immer dem Mond zugewandt, eine Seite ist von ihm abgewandt. Auf der dem Mond zugewandten Erdseite herrscht Flut. Aber auch auf der abgewandten Seite ist Flut. In der Mitte ist Ebbe.

# Im Watt ist was los!

**D**as Watt ist der Teil des Meeres, der bei Flut unter Wasser liegt und bei Ebbe zu sehen ist. Der Erdboden im Watt besteht aus Schlick, das ist sehr weicher Matsch. Es fühlt sich gut an, wenn er zwischen deinen nackten Zehen hindurchquillt. Neben großen Sandflächen gibt es im Watt auch Steine und Tümpel.
Überall an der Nordsee kannst du mit einem erfahrenen Wattführer eine Wanderung durch das Watt unternehmen und es erkunden. Geh niemals allein ins Watt! Denn das Wasser kommt bei Flut sehr schnell zurück und du könntest ertrinken.

### Frisch gedeckter Tisch

Bei Ebbe suchen viele Vögel ihre Nahrung im Watt. Austernfischer, Sandregenpfeifer und Brachvogel picken nach Muscheln, Algen, Krabben und anderen Kleintieren. Mit etwas Glück

entdeckst du einen Einsiedlerkrebs. Er bewohnt leere Schneckenhäuser, die er wieder verlässt, sobald sie ihm zu klein geworden sind. Die länglichen Scheidenmuscheln kannst du oft im Watt finden. Sie werden bis zu 10 Jahre alt!

Sandregenpfeifer

### Wer macht die kleinen Häufchen ins Watt?

Wattwürmer fressen Sand, denn sie leben von den Nährstoffen darin. Die Reste scheiden sie an den Ausgängen ihrer Höhlen wieder aus. Dies sind die kleinen braunen Häufchen, die du überall im Watt sehen kannst.

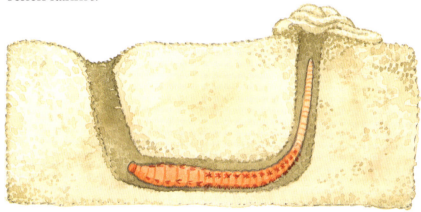

**Was ist ein Priel?**
a) Ein starkes Getränk für Seebären
b) Ein steiniger Strand
c) Eine Rinne im Watt, die sich bei Flut sehr schnell mit Wasser füllt

**Wie laufen Strandkrabben?**
a) Seitwärts
b) Rückwärts
c) Sie hüpfen auf einem Bein.

# Wer guckt da aus dem Wasser?

**A**uf einer Sandbank mitten im Meer liegen einige graue Gestalten. Es sind Seehunde mit ihrem Nachwuchs.

Nach etwa 11 Monaten bringen die Weibchen ihre Jungen zur Welt. Sie säugen sie etwa 5 Wochen lang, danach sind die Jungtiere auf sich allein gestellt. Mit lauten Rufen halten die Seehundbabys Kontakt zu ihren Müttern.

## Schau genau hin

**Im Wattenmeer kannst du häufig Seehunde beobachten. Zum Beispiel bei einer Wattwanderung, beim Baden am Strand oder von einer Fähre aus.**

Seehunde sind gute Schwimmer und Taucher. Sie können bis zu 30 Minuten unter Wasser bleiben und sogar 200 Meter tief tauchen. Ihre dicke Speckschicht schützt sie vor der Kälte des Wassers.

Seehunde haben keine Ohrmuscheln. Ihre Ohren befinden sich dicht hinter den Augen. Mit ihnen können sie auch unter Wasser gut hören.

**Was ist ein Heuler?**
a) Ein Seehundbaby, das seine Mutter verloren hat
b) Ein Kapitän mit Heimweh
c) Ein Kind, das am Strand seine Schaufel verloren hat

# Wie entstehen die Hügel am Meer?

Der Wind, der vom Meer kommt, weht auf das Land. Im Laufe der Zeit türmt er die winzigen Sandkörner am Strand zu kleinen und großen Hügeln auf. Diese Hügel heißen Dünen. Die Pflanzen, die auf den Dünen wachsen, sorgen dafür, dass der Sand nicht weiter ins Landesinnere geweht wird. Sie halten ihn mit ihren Wurzeln fest.

Dünen schützen das Land vor Überschwemmungen. Außerdem sind sie ein wichtiger Lebensraum für Seevögel, die dort brüten. Zwischen den langen Gräsern verstecken sich Kaninchen und Hasen.

Wanderdünen bewegen sich mit der Zeit, manchmal bis zu einen Meter in einer Stunde. Einige Dünen brummen sogar! Die lauten Töne entstehen durch das Abrutschen des Sandes.

Dünen sind sehr empfindlich. Betrete sie nur auf gekennzeichneten Wegen, damit du keine Pflanzen oder Brutgelege zerstörst.

## Wozu gibt es einen Deich?

Deiche sind künstlich aufgeschüttete Dämme, die das Land davor schützen, vom Meer überflutet zu werden. Oft ziehen sie sich kilometerweit an der Küste entlang.

### Schafe zählen
In Nordfriesland leben jede Menge Schafe auf dem Deich, nämlich rund 160 000! Sie sorgen für den Schutz der Küste, indem sie das Gras auf den Deichen fressen und die Erde mit ihren Hufen feststampfen.

Dort, wo sich das Salzwasser des Meeres mit Süßwasser vermischt, entstehen Salzwiesen. Kühe und Schafe fressen die Salzwiesenpflanzen besonders gern, denn sie sind sehr nahrhaft.

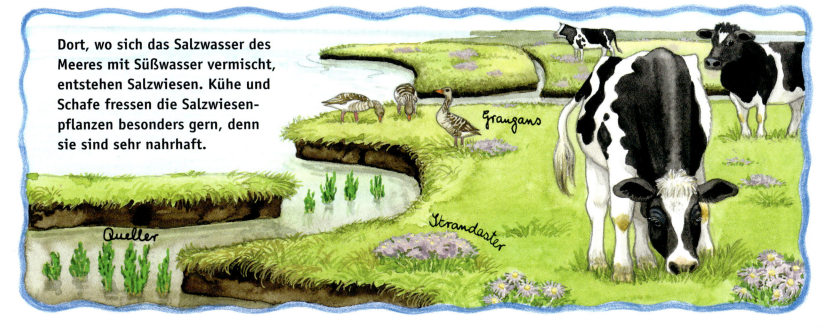

# Wer lebt in der Nordsee?

**S**tachelige **Seeigel**, kräftige **Taschenkrebse**, zarte **Seepferdchen** und schlanke **Heringe**: In der Nordsee kannst du jede Menge verschiedene Tiere bestaunen!
Sogar kleine Wale durchstreifen das Meer: Der **Schweinswal** wird etwa 2 Meter lang und ist schwer zu beobachten, da er sehr scheu ist. Auch einige **Haie** und **Rochen** leben in der Nordsee. Vor ihnen brauchst du aber keine Angst zu haben, denn sie sind äußerst selten und für den Menschen ganz ungefährlich.
**Kegelrobben** sind größer und schwerer als Seehunde. Sie müssen viele Fische erbeuten, um sich eine schützende Fettschicht anzufressen. Viele Tiere suchen tagsüber im Meer nach Nahrung. Manche jedoch, wie der **Tintenfisch**, gehen auch in der Nacht auf Beutefang. Er hat acht Fangarme mit Saugnäpfen. Gerät er in Gefahr oder ist er aufgeregt, sondert der Tintenfisch eine dunkelblaue Flüssigkeit ab, die sich im Wasser wie eine Wolke um ihn herum ausbreitet.
**Feuerquallen** haben eine gelbe bis tiefrote Farbe. Sie ernähren sich von Kleintieren, die sie mit ihren langen Nesselfäden im Wasser fangen. Feuerquallen leben in kleinen Schwärmen. Das Gift der Feuerqualle schmerzt wie eine Verbrennung, daher solltest du sie möglichst nicht berühren.

**Seesterne** ernähren sich von Muscheln und Austern. Sie haben keine Augen. Verlieren sie jedoch einen Arm, wächst ihnen dafür ein neuer nach.

Der **Kleingefleckte Katzenhai** wird etwa 80 cm lang und ernährt sich von Krebsen und Fischen.

# Pack die Badehose ein!

**D**ie Sonne scheint strahlend vom Himmel, der Sand ist ganz heiß. Nichts wie rein ins Wasser, denn ein erfrischendes Bad im Meer ist jetzt genau das Richtige!

Es macht Spaß, in den Wellen zu planschen, im seichten Wasser herumzuspritzen, mit einem Wasserball, Schwimmreifen oder Badetieren zu spielen oder im tieferen Wasser zu schwimmen.

### Wann darfst du baden?

An einem bewachten Badestrand werden Flaggen gehisst, die dir zeigen, ob du unbesorgt baden kannst. Beachte die Farben:

grün = Baden ist erlaubt
gelb = Pass gut auf: hohe Wellen
rot = Baden ist verboten
violett = Baden ist verboten wegen Verschmutzung des Meeres

### Kennst du schon die Baderegeln?

- Geh als Nichtschwimmer nur bis zur Brust ins Wasser
- Spring niemals mit einem Kopfsprung ins Meer. Wenn das Wasser nicht tief genug ist oder du auf einen Stein prallst, verletzt du dich
- Reibe dich immer gut mit Sonnencreme ein, um deine Haut zu schützen, auch wenn der Himmel bewölkt ist oder es regnet
- Geh nie an Küstenabschnitten baden, wo es gefährliche Strömungen oder besonders hohe Wellen gibt. Du könntest schnell vom Strand wegtreiben und ertrinken.
- Geh nur an bewachten Stellen ins Wasser
- Bade nicht mit vollem oder ganz leerem Magen
- Rufe nie um Hilfe, wenn du nicht wirklich in Not bist
- Bade nicht bei Gewitter

# Draußen auf dem Meer, drinnen im Hafen

**M**mmh! Ein frisches Schwarzbrot mit Krabben oder knusprig gebratene Fischstäbchen schmecken so lecker …

Die Krabben und der Fisch in den Fischstäbchen werden im Meer gefangen. Denn es ernährt nicht nur Tiere und Pflanzen, sondern auch uns Menschen.

Früher fingen Fischer einzelne Fische mit Speeren oder Angeln. Heute fahren sie mit ihren Kuttern oder riesigen Fischtrawlern aufs Meer, manchmal sehr weit hinaus.

Fischtrawler können einige Wochen oder sogar Monate auf dem Meer unterwegs sein. Auf hoher See werfen sie ihre Netze aus und fangen viele Fische und Kleintiere, wie Garnelen und Krabben. Direkt an Bord werden die Fische verarbeitet. Die Fischer nehmen ihre Innereien heraus und lagern ihren Fang in Kühlräumen, bis sie schließlich in den Hafen zurückkehren.

Manche Fischtrawler sind so riesig, dass auch ihre Netze kilometergroß sind.
Darin verfangen sich leider nicht nur Fische, sondern auch Delfine, Schildkröten und Vögel. Diese Fangmethoden gefährden sehr viele Tiere.

**Was ist ein Friesennerz?**
a) Ein Inselbewohner aus Ostfriesland
b) Ein wasserdichter Regenmantel
c) Eine Haifischart, die in der Nordsee lebt

In einem Hafen legen alle Schiffe an. Hier besteigen Passagiere Barkassen, Fähren und riesige Kreuzfahrtschiffe. Außerdem werden im Hafen die Frachtschiffe mit Waren be- und entladen. Das nennt man „die Ladung löschen". In den großen Kästen, den Containern, befinden sich alle möglichen Waren, zum Beispiel Fahrräder, Getreide oder Stoffe.

# Viel Verkehr

**B**ereits seit vielen tausend Jahren befahren Menschen das Meer. Sie befördern Waren über das Wasser und reisen zu fremden Inseln, Landstrichen oder Kontinenten. Die südliche Nordsee gehört mit dem Ärmelkanal zu den am dichtesten befahrenen Wasserstraßen der Erde.

Vom kleinen Segelboot bis zum riesigen Containerschiff:
Auf dem Meer sind die unterschiedlichsten Wasserfahrzeuge unterwegs.

Große Fähren befördern Menschen, Fahrzeuge und Waren über das Meer.

Die Wasserschutzpolizei sorgt für Sicherheit im Schiffsverkehr.

Auch auf Schiffen kann es brennen. Dann kommt das Löschboot der Feuerwehr zum Einsatz, um die Flammen zu bekämpfen.

Auf Forschungsschiffen arbeiten Wissenschaftler mit modernster Technik. Sie erforschen Meere und Flüsse sowie Tiere und Pflanzen.

## Was bedeuten die bunten Tonnen im Wasser?

Diese Tonnen nennt man Bojen. Sie sind mit einem Stahlseil und einem Betonklotz fest im Meeresboden verankert. Manche weisen Schiffen den Weg, andere warnen vor Gefahrenstellen oder sammeln Daten für Wissenschaftler, zum Beispiel wie kalt das Wasser ist oder wie viel Salz im Meer ist.

*Fahrwasserboje*

*Gefahrenboje*

*Messboje*

# Es stürmt!

**N**icht immer liegt das Meer still und glatt da. Mitunter türmen sich hohe Wellenberge auf und ein starker Wind weht. Dann gibt es Sturm.

Bei einer Sturmflut ist die Flut höher als gewöhnlich. Der Wind drückt das Wasser Richtung Land und es kommt leicht zu Überschwemmungen.

Nach einem heftigen Sturm kann sich das Gesicht der Küste verändern. Dann liegt Treibgut auf dem Strand verstreut oder Dünen haben ihre Form gewandelt, denn der Wind hat den Sand verweht. Manchmal brechen auch ganze Teile von Steilküsten ab, wenn die Wellen mit Wucht dagegenschlagen.

## In Seenot

Gerät ein Schiff in der Nord- oder in der Ostsee in Seenot, sind sie zur Stelle: Die Seenotretter der Deutschen Gesellschaft zur Rettung Schiffbrüchiger. Jeden Tag sind sie im Einsatz – rund um die Uhr!

Bei einem Hilferuf verlässt der Seenotrettungskreuzer eilig den Anleger und fährt zu dem Schiff, das um Hilfe gebeten hat. Die Einsätze der Seenotretter sind sehr verschieden.

Sie bergen Schiffe und deren Besatzung, die bei einem Sturm gekentert sind. Auch bei dem Notruf „Mann über Bord" sind die Retter schnell zur Stelle. Sie holen auch kranke oder verletzte Seeleute von Schiffen und Inseln und bringen sie zum nächsten Hafen. Sie löschen Brände, schleppen beschädigte Schiffe ab oder ziehen sie von Sandbänken weg. Manche Einsätze gelten auch Surfern oder Seglern, die auf See in Not geraten sind.

### Rot-weiß gestreifte Türme

**Leuchttürme weisen allen vorbeifahrenden Schiffen den Weg. Sie befinden sich überall dort, wo es gefährliche Stellen gibt, zum Beispiel Untiefen, seichte Zonen oder starke Strömungen. Leuchttürme haben ein Leuchtfeuer, das schon von weitem gut zu erkennen ist, auch in der Nacht.**

**Welchen Beruf gibt es heutzutage nicht mehr?**
a) Matrose
b) Kapitän
c) Leuchtturmwärter

# Tief unten im Meer

Bitte einsteigen! Das Tiefsee-U-Boot bringt dich in die entferntesten und bisher noch wenig erforschten Winkel unseres Planeten – die Tiefsee.

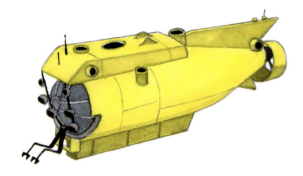

Auf den ersten 200 Metern unter dem Meeresspiegel erhellen die Strahlen der Sonne noch das Wasser. Hier leben viele verschiedene Tierarten, wie zum Beispiel Fliegende Fische, Heringe, Rochen und Meeresschildkröten. Du kannst farbenprächtige Korallenbänke bestaunen und zusehen, wie Delfine auf die Jagd nach Fischen gehen.

Das Tiefsee-U-Boot taucht weiter hinab. Bis etwa 1000 Meter Tiefe nimmt das Licht stark ab. Das Wasser um uns herum wird kälter. Wir entdecken einen Lanzenfisch, einen Laternenfisch und ein Silberbeil.

Pottwale haben oft Narben an ihrem Körper. Diese kommen von Kämpfen mit Riesenkalmaren. Unser U-Boot sinkt weiter. Ab jetzt ist das Meer

um uns herum tiefschwarz. Hier überleben nur wenige Pflanzen. Die Raubfische der Tiefsee besitzen scharfe Zähne in ihren riesigen Mäulern und können ihre Mägen weit ausdehnen. Ein Pelikanaal gleitet an uns vorbei. Auf dem Meeresgrund entdecken wir eine Tiefseegurke und eine Asselspinne.

Aus Schloten steigen weiße oder schwarze Wolken aus mineralreichem Wasser auf. An diesen heißen Schwefelquellen finden viele Tiere Nährstoffe zum Leben, zum Beispiel Tiefseeanemonen und Riesenröhrenwürmer.

Der Koloss-Kalmar hat von allen Lebewesen der Erde die größten Augen. Ein gefangenes und untersuchtes Exemplar hatte Augen mit einem Durchmesser von 27 cm.

Viele Tiefseefische, die in der Zwielichtzone leben, haben riesige Augen, die noch die kleinsten Lichtstrahlen wahrnehmen. Tiere, die in der Dunkelzone leben, haben oftmals keine Augen. Dafür besitzen sie besonders feine Tastorgane und können sehr gut riechen.

### Rekordtiefe
**Die tiefste Stelle aller Meere befindet sich im Pazifischen Ozean. Der Marianengraben ist 11 034 Meter tief.**

## Welche Meere und Ozeane gibt es?

**D**as große Weltmeer, das alle Kontinente der Erde umgibt, wird in Atlantischer Ozean, Pazifischer Ozean, Indischer Ozean, Nordpolarmeer und Südlicher Ozean unterteilt. Es bedeckt etwa zwei Drittel der Erdoberfläche.

Der Pazifik ist der gewaltigste Ozean. Er ist so groß wie die anderen vier Ozeane zusammen.

Der zweitgrößte Ozean ist der Atlantik. Auf ihm fahren so viele Schiffe wie auf keinem anderen Ozean. Die Nordsee und die Ostsee gehören übrigens auch zum Atlantik.

Im Indischen Ozean bewegt sich das Wasser besonders stark. Er ist das drittgrößte Weltmeer.

Die Polarmeere um den Nord- und den Südpol sind eisig kalt. Eisschollen und gewaltige Eisberge treiben hier auf dem Wasser. Im Nordpolarmeer, das auch Arktischer Ozean heißt, leben Walrosse und Eisbären. Am Südlichen Ozean leben Pinguine.

Delfine gehören zu den Walen. Die guten Schwimmer kommen in allen Meeren vor und sind sehr gesellig.

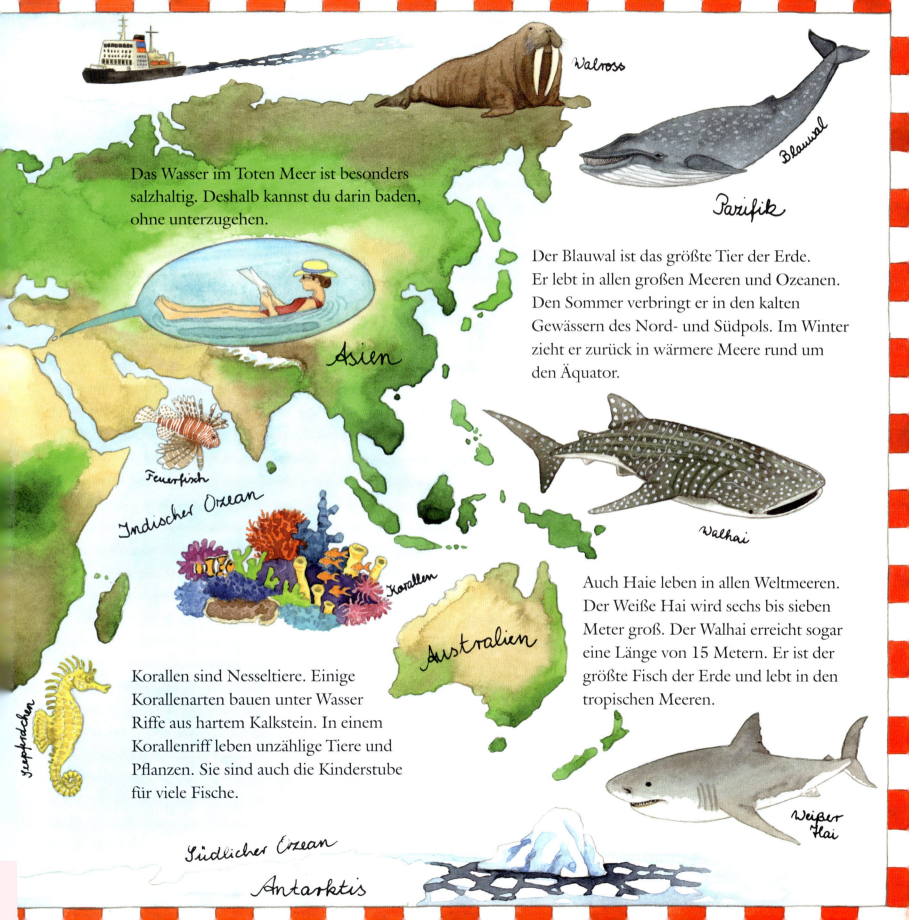

# Lösungen

**Seite 9: Wie schmeckt Meerwasser?** Lösung: c) Salzig; **Seite 13: Was ist ein Priel?** Lösung: c) Eine Rinne im Watt, die sich bei Flut sehr schnell mit Wasser füllt; **Wie laufen Strandkrabben?** Lösung: a) Seitwärts; **Seite 15: Was ist ein Heuler?** Lösung: a) Ein Seehundbaby, das seine Mutter verloren hat; **Seite 19: Was ist ein Seehase?** Lösung: c) Ein Fisch, der in der Nordsee lebt; **Seite 22: Was ist ein Friesennerz?** Lösung: b) Ein wasserdichter Regenmantel; **Seite 27: Welchen Beruf gibt es heutzutage nicht mehr?** Lösung: c) Leuchtturmwärter

CARLSEN-Newsletter
Tolle Lesetipps kostenlos per E-Mail!
www.carlsen.de

1 2 3 4    15 14 13 12
© Carlsen Verlag, Hamburg 2012
Illustrationen: Anne Ebert
Text: Ruth Gellersen
Lektorat: Caroline Jacobi
Umschlaggestaltung und Layout: Kathleen Bernsdorf
Lithografie: Margit Dittes Media, Hamburg
ISBN 978-3-551-25022-3